AF434039

ISBN / 979-10-94954-05-8

100 CITATIONS

A PROPOS DE TOUT ET DE N'IMPORTE QUOI

*Ce livre regroupe les ouvrages suivants,
publiés individuellement au format e-book :*

– 50 citations à faire réfléchir dans un miroir
*– 50 citations pas très catholiques à l'usage
des mécréants et des athées.*

JEAN PROPOSE :

50 CITATIONS A FAIRE REFLECHIR

DANS UN MIROIR

Extraits des
"Oeuvres de Jean"

50 CITATIONS
A FAIRE REFLECHIR
DANS UN MIROIR

PREAMBULE

Le matin, devant votre miroir, en vous rasant, vous maquillant ou vous démaquillant selon le cas, ne vous êtes vous jamais dit(e) que votre vie est suspendue à une poterne et qu'il serait temps de réfléchir ?

Voici, dans ces quelques pages, des citations qui vous permettront de briller en société. Il suffira d'en lâcher une négligemment à votre voisin(e) lorsque vous serez en train de vous laver les mains ou de faire un raccord beauté dans les toilettes.

Mais attention, avant de vous lancer, veuillez de préférence suivre ces 2 conseils :

1) Assurez-vous d'être en face d'un miroir, qu'il soit de salle de bain, de courtoisie, de poudrier, aux alouettes ou encore de rétroviseur. Faites mine de vous en servir, prenez un air de Ste Nitouche puis parlez. Si votre citation fait son effet, vous passerez pour quelqu'un ayant le sens de la répartie voire de l'humour. Si elle fait un flop, vous serez tout(e) excusé(e), votre concentration portant sur autre chose (en l'occurrence vous-même dans le miroir).

2) Ayez de l'à-propos. Par exemple, ne répondez pas "Tu parles ! Ils font déjà pas gaffe à celles dans lesquelles ils entrent !" si votre interlocuteur vient de parler de poule-au-pot...

Voilà ! Maintenant, à vous de briller !

1

Tout ce que l'on peut dire au présent a certainement été dit au passé et même dans un passé antérieur.

2

Les artichauts ont du coeur et les
fruits de la passion...

3

Dans cette boite, on te dit rien, faut tout rêver, mais t'as pas le droit de dormir !

4

– Qui a écrit « Le blé en herbe ? »
– Bob Marley !

5

Un cycliste sans mollets, c'est comme une danseuse sans jambes ou un vin sans cuisse, ça n'atteint pas des sommets !

6

J'hésite entre le boudin et la queue
de lotte.

7

Il y a quelques fois des choses qu'on
a devant le nez, à portée d'oreille et
que l'on ne voit pas parce qu'on a la
tête ailleurs !

8

– Je ne vous paye pas pour vous promener !
– Je sais bien, je le fais bénévolement …

9

– Oh, tu as la forme !
– Toit tu as celles qui me la donnent !

10

La route défie l'espace temps en allant instantanément d'un point à un autre sans bouger.

11

Les mûres ont des oreilles et les
fraises, des bois.

12

– T'as vu les Bleus au Mondial cette année ? Même pas sortis des poules !
– Tu parles ! Ils font déjà pas gaffe à celles dans lesquelles ils entrent !

13

La clé du mystère se trouve sur la porte de la connaissance et celle des songes sous le paillasson de l'ignorance...

14

Un essaim d'abeilles part avec sa reine pratiquer la politique de l'aut' ruche

15

– Je me sens moche...
– Mais non, tu rayonnes ! Regarde
j'en bronze même !

16

Profileuse : Femme de méninges capable de brosser un portrait en 30 secondes.

17

Ce n'est pas en donnant de la biquette à un agneau qu'on en fera un mouton Rothschild.

18

Garniture : légumes autour d'une
viande.
Garnison : légionnaires autour d'un
boudin.

19

Rien ne prête moins à rire que le pire
et à sourire que le soupir.

20

Louis XVI a perdu la tête, il a pris un raccourci vers la mort.

21

C'est un roi de la bricole que le vice
a mené à l'écrou.

22

Un chercheur ouvre des perspectives d'avenir et un ouvrier les cherche...

23

Son visage s'éclaire : il a une idée lumineuse !

24

La voilée n'attend pas le nombre des ahaneurs.

25

Les plagistes travaillent quand ils
sont en grève.

26

Jeanne d'Arc s'est éteinte en brûlant... Déjà avant James Bond, on faisait des cendres des ennemis de sa majesté.

27

J'aurai mieux fait de tourner 7 fois
ma langue dans sa bouche pour ne pas
dire de connerie.

28

La mort c'est comme la vie, on sait quand elle commence mais pas quand elle finit.

29

Autant chercher une anguille dans
une botte de forain.

30

La biche, émet-elle des gaz à effet
de cerf ?

31

C'est en fauchant
qu'on devient faux-jeton.

32

Tout le monde peut se planter mais faut pas pousser !

33

Je préfère un ex-mousseux devenu crémant à un ex-crémant devenu mousseux !

34

Il y a des traders qui roulent sur l'or
et qui finissent en taule.

J'aurai pris tellement de volume que
je serai incontournable.

36

Une chose est sûre : le magnétiseur attire l'argent. Mais est-ce qu'il bande magnétique ?

37

Dans une course contre la montre, on est sûr de gagner car la montre ne bouge pas, même quand elle avance !

38

Il a préféré passer des nuits au clair
de lune plutôt que des journées à
l'ombre de l'autre.

39

Un lèche-cul,
c'est toujours suce-pet...

40

J'ai essayé l'humour triste mais j'ai rapidement renoncé parce que ça me mettait les larmes aux yeux.

Les DJ sont à la musique ce que les fast-foods sont à la gastronomie.

42

Il vaut mieux avoir de longues
jambes pour prendre un élan...
Même une femelle.

43

Rien ne sert de discourir, il faut
répartir à point.

« Les choses récurrentes au sens propre », est-ce un pléonasme ?

45

Mari honnête ne veut pas dire
guignol !

46

Il ne faut jamais s'enfermer dans sa
liberté !

47

Dans « espoir », il y a « poires ».

48

La première fois qu'Adam a mis la main sur Eve, ce fut un petit doigt pour l'homme mais un grand geste pour l'humanité !

49

Le temps passe mais les montres restent.

50

Quand on a un cerveau brillant,
doit-on tout de même se casser la
tête pour réfléchir ?

50
CITATIONS
PAS TRES CATHOLIQUES

à l'usage des mécréants et des athées

50 CITATIONS

PAS TRES CATHOLIQUES

...

...à l'usage des mécréants et des athées.

PREAMBULE

Si vous faites partie de ceux qui ont lu les premières pages de la Bible sans jamais aller plus loin (et Dieu sait si vous avez raison !) ou si vous ne l'avez jamais ouverte, je vais introduire cet ouvrage par un bref rappel dans un style tout à fait personnel.

Il serait bon toutefois que vous ayez quelques connaissances en termes de pratiques et de religions monothéistes, faute de quoi vous risqueriez de ne pas comprendre grand chose à ce qui va suivre.

Au départ, lorsqu'il n'y avait encore rien dans l'univers, pas de Terre, de Lune ni de Soleil, pas d'étoiles, de galaxies, de trous noirs ni de pulsars, pas même de smartphones, bref rien de rien, il y avait tout de même quelque chose ou plutôt quelqu'un : Dieu.

Son esprit planait dans le vide et un ennui éternel… jusqu'à ce qu'arriva le moment où il se dit : « Qu'est-ce que j'm'emmerde ! » C'est peut-être à cette occasion que fusa le premier rayon lumineux de toute l'histoire de l'univers.

Du coup, il se mit à créer un peu tout et n'importe quoi, même l'espèce humaine.

Autant dire qu'il avait cherché les emmerdes. En outre, il ne resta pas discret, bien au contraire ! Il fit régulièrement aux hommes et aux femmes des petits coucous pour se rappeler à eux en leur faisant faire – sous couvert du Saint Esprit – des choses qu'ils n'auraient jamais faites en étant sains d'esprit.

Ainsi naquirent les religions et les prêtres qui s'occupèrent bien vite de satisfaire leur soif de pouvoir, déclenchant ainsi les guerres de religions avec un succès tel qu'elles perdurent encore de nos jours...

Grâce à l'Intéressé, épaulé depuis des siècles et des siècles par une flopée d'illuminés, tous ces événements ont été retranscrits dans des ouvrages sacrés devenus une source inépuisable pour la réflexion philosophique et l'humour.

Ce sont eux qui sont à l'origine des citations que je vous propose ci-après. Qu'ils soient ici remerciés de leur involontaire contribution.

1

Si l'on remercie Dieu pour le repas qu'on va prendre, il ne faut pas oublier de le remercier d'avoir fait les courses, la cuisine et, d'avance, pour la vaisselle qu'il va laver.

2

Si Jésus voyait ça, il retournerait
dans sa tombe.

3

Excédée par son homme qui se goinfrait de fruits défendus au lieu de faire avancer la barque qui les emmenait loin du Jardin d'Eden, Eve lui commanda :
« Arrête de bouffer et rame, Adam ! »
C'en est devenu un rituel.

4

Je suis plutôt Chanel ;
je trouve que Lacroix, c'est lourd à
porter !

5

La loi du talion fait le bonheur des ophtalmologistes et des dentistes.

6

N'est-ce pas un acte d'amour que de mettre le petit Jésus dans la crèche quand ce n'est pas Noël ?

7

« Aide-toi, le ciel t'aidera ! »
Pourtant, tu peux toujours creuser le
sable du désert pour trouver de l'eau,
il ne se mettra pas à pleuvoir !

8

Jésus a donné son sang.
Il n'était donc pas témoin de Jehovah.

9

Devenir nonne, c'est épouser Dieu.
Quelle tolérance que d'accepter un
conjoint polygame ayant eu un enfant
avec une femme mariée !

10

Lorsque Bernadette Soubirous fit part de ses visions, elle eut droit à des plaisanteries plutôt lourdes...

11

Eve a été tentée par le serpent. Elle l'a peut-être pris pour un concombre.

12

On ne doit pas représenter le visage
de Mahomet ; aurait-il été décapité ?

13

Jésus prit la coupe en disant :
« Prenez et buvez-en tous, ceci est
mon sang ».
Ainsi naquirent les vampires.
Puis, avec le pain, il invita à
l'anthropophagie.

14

Dans les dix commandements, il est
dit :
« Tu ne convoiteras pas la femme
d'un autre ».
Mais ça, c'était avant l'histoire de
Dieu avec Marie...

15

Dieu est le Père-Noël des adultes.

16

Si l'on en croit les croyants, Dieu a
déjà exercé toutes sortes de métiers.
Par exemple :
potier, pour créer Adam,
boucher, pour en tirer Eve,
Graveur, avec Moïse,
il a fait Monsieur Météo pour Noé,
il a pratiqué l'insémination
artificielle avec Marie
ou encore été chef de guerre derrière
Jeanne d'Arc...

17

Ceux que Dieu a unis, nul ne peut les séparer. Sauf l'amant ou la maîtresse.

18

S'ils avaient fait subir le supplice de la roue à Jésus avant de le crucifier, ils l'auraient ensuite certainement cloué sur une croix gammée.

19

Les bouddhistes ont des lacunes en termes de guerres de religions

20

A la naissance de Jésus, des
habitants de Bethléem s'étaient
opposés à la mise en place d'un sapin
à côté de la crèche.

21

Dans l'étonnement, certains
s'exclament :
« Oh, merde ! »,
d'autres « Oh, mon Dieu ! »
A chacun ses mots...

– Tu vois, fiston, les anges ont des
ailes pour voler comme les petits
oiseaux.
– J'espère qu'ils ne font pas de
crottes sur nos têtes !

23

Gode save the gouines... Mais elles n'en ont pas toujours besoin.

Jésus ne savait pas calculer de tête :
il utilisait des poissons pour faire ses
multiplications.

25

Selon le dicton :
« Mieux vaut s'adresser au bon Dieu
qu'à ses saints ».
Est-ce aussi valable pour Marie ?

Quand il était petit, Jésus était un enfant sage : il ne marchait pas dans les flaques d'eau, il marchait dessus !

27

Dieu ! Que de bienfaits commis en ton nom !
Dieu ! que de crimes prodigués en ton nom !
Mais, Diable ! Où te caches-tu donc ?

28

Depuis que j'ai entendu que nous sommes les enfants de Dieu, je fuis les croix !

29

Dieu n'est pas omniscient.
S'il l'était, nous ne serions pas là.

30

Jésus : un prophète de l'islam, adepte de la non-violence, qui multiplie les pains et divise les Juifs en fondant le christianisme.

31

Dieu n'a pas le don d'ubiquité ;
la preuve : il n'est pas en Syrie
actuellement.

32

Un catholique qui commet une faute vis à vis de son prochain va demander pardon à Dieu, un athée va demander pardon à la victime.

33

Si j'étais Jésus, je me suiciderais sans hésiter.

34

– Elle a pris le voile.
– Elle s'est convertie à l'islam ?
– Non, elle est devenue bonne soeur.

35

L'avantage d'être un catholique, c'est qu'on peut emmerder le monde toute la semaine, il suffit d'aller se confesser le dimanche et de réciter quelques prières. Les compteurs sont remis à zéro et on peut recommencer dès le lundi.

36

Est-ce parce que Jésus est né sur la paille que le Vatican roule sur l'or ?

37

« Dieu, le père »
« Jésus, fils de Dieu ».
Avec ça, comment voulez-vous que
les croyants ne soient pas machos ?

Le père de Jésus était charpentier,
ceci explique peut-être pourquoi il
avait une poutre dans l'oeil.

39

Dieu a toujours été une explication
pratique à l'incompréhensible, au
point qu'il l'est lui-même pour ceux
qui n'y comprennent pas grand chose.

40

« Jésus revient ! »
ou
« Jésus, reviens ! »
?
C'est pas pareil : dans le premier cas,
il est près d'arriver, dans le deuxième,
il n'est pas près de partir !.

41

Arrivé avec son peuple à la plage,
Moïse attendit marée basse pour
traverser.

42

Rien ne sert de mourir, il faut
martyre à moins.

43

– Vous êtes aussi témoin de
Jehovah ?
– Non, non !... J'ai rien vu, j'ai rien
entendu !

44

Jésus chassa les marchands du temple.
Normal ! Ils n'avaient pas payé pour sa protection.

45

Qu'est-ce qui sépare les femmes des
hommes ?
La religion.

46

Paraît-il que Jésus aurait dit à Marie de Magdala, agenouillée devant lui : « Prenez et sucez-en tout, ceci est mon corps livré pour vous ». Déformation professionnelle, peut-être.

47

– Elle était à la fois si naïve et gourmande qu'elle a fini au couvent.
– Pourquoi ?
– On lui a dit que c'est là qu'on trouve le plus de religieuses et de pets-de-nonnes.

48

A la mort de Jésus, tout le Golgotha
était là.

49

Noé était intelligent : sachant qu'on ne ferait pas le coup du cochon à tout le monde, il en a emmené un couple dans son arche !

50

Si Dieu existait, il ne faudrait pas l'inventer.

Retrouvez ces citations et bien d'autres traits d'humour encore dans les « œuvres de Jean » :

Publiées dans la collection :
« Les histoires de Jean peu ordinaires »

- Camille et la perruche rouge

- Le huitième vide

- Le générateur de gréons

- Pensées multicolores sur terreau de matière grise

- 50 citations à faire réfléchir… dans un miroir

- 50 citations pas très catholiques…

Sur demande auprès des Editions de la Nation
Neandertal : led.nneandertal@gmail.com

- Les sketches de Sénèque + Ultra
- Les Fables, selon Jean, du Robinet

www.ingramcontent.com/pod-product-compliance
Lightning Source LLC
Chambersburg PA
CBHW071207130726
47998CB00002B/655